Johann Strauss, F. Zell, Richard Genée

Der lustige Krieg

Komische Operette in 3 Akten

Johann Strauss, F. Zell, Richard Genée

Der lustige Krieg
Komische Operette in 3 Akten

ISBN/EAN: 9783744672382

Hergestellt in Europa, USA, Kanada, Australien, Japan

Cover: Foto ©ninafisch / pixelio.de

Weitere Bücher finden Sie auf **www.hansebooks.com**

Der lustige Krieg.

Komische Operette

in 3 Acten

von

F. ZELL und RICHARD GENÉE.

Musik von

JOHANN STRAUSS.

Clavierauszug mit Text
M 12 netto
fl 6 30 nkr

Clavierauszug ohne Text
M 7 50 netto
fl 3 50 nkr

Verlag von Aug. Cranz in Hamburg.

Wien, C. A. Spina, Verlags u Kunsthandlung

Ouverture.

Johann Strauss.

Allegro.

Più moto.

Poco meno.

Andantino mosso.

IV

Moderato grazioso.

Walzertempo.

nichts passirt ist nichts passirt ach die Zeit wird uns bang im _ mer Spiel, im _ mer

nichts passirt ist nichts passirt ach die Zeit wird uns bang im _ mer Spiel, im _ mer

nichts passirt ist nichts passirt ach die Zeit wird uns bang im_mer Spiel,

Sang und wenn auch Trommel erschallt _ Trom _ petenruf hallt _ so wird doch

Sang wenn auch Trommel erschallt Trom_petenruf hallt s'wird doch

immer Sang wenn auch Trommel erschallt Trom_petenruf hallt s'wird doch

nie _ mals noch Ernst da _ raus _ s'wird nur pro_birt, _ und dann ist's aus

nie _ mals Ernst da _ raus _ s'wird nur pro _ birt, _ und dann ist's aus _

nie _ mals Ernst da _ raus _ s'wird nur pro _ birt, _ und dann ist's aus _

C. 25513.

4

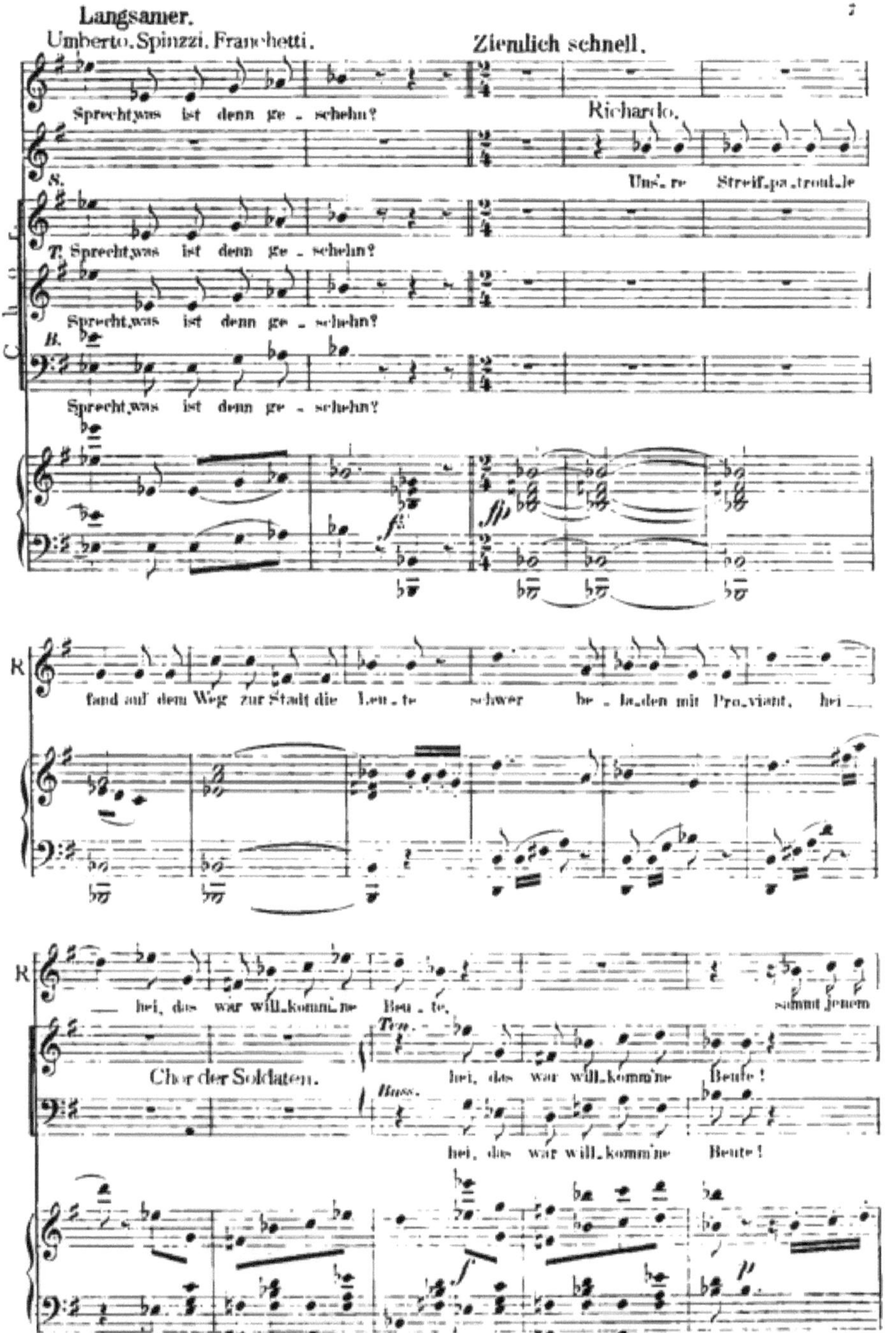

dat, ach mei ne Hühner, Wein und Brot, Al les hin, o wel che Noth

de li cat Wild pret, Hühner, Brot und Wein, O ran gen Wür ste gross und

de li cat Wild pret, Hühner, Brot und Wein, O ran gen Wür ste gross

S.

A.
Ach, mein Sa lat ach, Herr Sol

T.
Gott mein Grünzeug und mein Salat, die herrlichen Ei er, mein

klein ja gebt nur Eu re Kör be her,

und klein Gebt nur Eu re Kör be her sie sind euch ja

dat mein Wein und Brot ach wel che Noth!

Herr Sol dat die schönen Hühner, mein Wein und Brot ach Al les hin o Gott

gebt sie her wir wollen sie leichter machen die schönen Sachen schaut! Gebt

viel zu schwer, wolln sie leich ter ma chen die schönen Sachen schaut!

12 **Allegretto.**
Marchese.

Weil den Scan_dal ich gern ver_mei _ _ de
Als uns die Krie_ger ü_ber_fie_ _ _ len

liess mei_nen De_gen ich zum
gab ich ei_nen grün_li_chen Al_

Glück
barm,

heut ru_hig ste_cken in der Schei _ _ de
eins von den hüb_schen Bau_ern_mäd _ _ chen

und füg_te mich in's Miss_ge_schick. Wenn mei_ne Kam_pfes wuth er_wach_te leicht ei_ne
ret_te_te sich in mei_nen Arm. Ich hielt sie fest, die Schelmin lach_te, ich wur_de

Un_zahl ich nie_der_stach, doch ich thu's lie_ber nicht und dach_te: Der
zärt_lich, sie wur_de schwach, liess sich küs_sen so_gar und dach_te: Der

№ 2. Couplet.

Bewegt im Vortrag.

Allegretto moderato.

Umberto.

Piano.

kam man oh - ne Blut_ver_gies_sen in die_sem lus_tigen Krieg da_von, der
spie_len aus zwei Feu_er_schlün_den ein Frag und Ant_wort_spiel bei_nah. Die

Feind ist gar_ sam mit dem Schies_sen quil scho_net sei_ne Munition. Nur
er_ste Ku_gel fragt: Be_fin_den? Die zwei_te sagt: So _ _ bi_ la! Von

ei_ne ein_zi_ge Gra_na_te schickt man von dort per Tag uns zu so_
drü_ben wünscht man Guten Mor_gen! Von hier er_wi_dert man: Schön Dank! So

bald die Mit_tags_stun_de naht; dann giebt's bis Mor_gen wie_der Ruh! E_
plau_dern wir ganz oh_ne Sor_gen und hal_ten uns're Waf_fen blank! Ein

ritard.

poco rit.

ritard.

C. 2883.

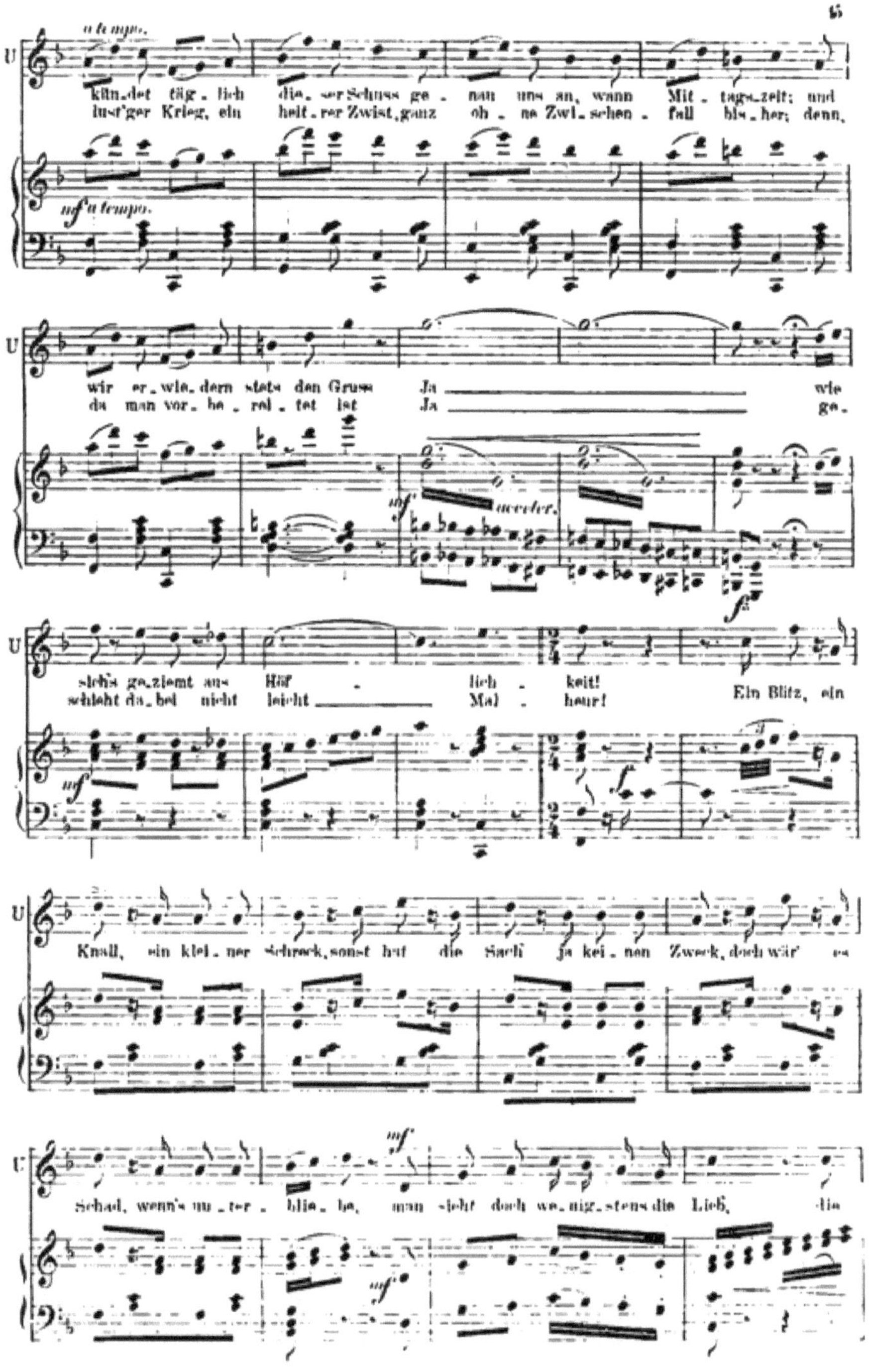
a tempo.
kün.det täg.lich die.ser Schuss ge.nau uns an, wann Mit.tags.zeit; und
lust'ger Krieg, ein heit.rer Zwist, ganz oh.ne Zwi.schen.fall bis.her; denn,
mf a tempo.
wir er.wie.dern stets den Gruss Ja wie
da man vor.be.rei.tet ist Ja ge.
accelер.
sich's ge.ziemt aus Höf.lich.keit!
schieht da.bei nicht leicht Mal.heur!
Ein Blitz, ein
Knall, ein klei.ner Schreck, sonst hat die Sach' ja kei.nen Zweck, doch wär' es
Schad, wenn's un.ter.blie.be, man sieht doch we.nig.stens die Lieb', die
mf

16

C. 23543.

№ 2½.

18

Lie - - be!

Lie - - be!

Lie - - be!

Lie - - be!

№ 2½.

Allegretto.

Marchese.

Mit mei_nen Fein_den de_jeu_ni_ren,

Piano.

M

soll_te ich eigentlich wohl nicht,

sollte das Frühstück re_ffi_si_ren:

M

Hungern ist Pa_tri_o_ten Pflicht. Doch ei_ne_mun'_ re Stim_me knur_rend der nob_len

C. 25813.

№ 3. Ensemble und Lied.

Lied.

Wir machten zusammen aus
Ich brachte die herrlichsten

Holland die Reise, mein Weib, meine Tulpenzwiebeln und ich; als
Varietäten, Pikotten; Bizarden und Perroquet, die

hier in der Nähe ganz hinter diesiger Weise ein Haufe Soldaten sich
kostbarsten Tulpen von früher und später, wie wir sie erzogen am

stürzte auf mich. Mein seltnes Weib und noch seltnere Zwiebeln, sie
Zuijderzee! Mit neusten Couleuren bin her ich gekommen, so.

klei _ ner von die _ sen zwei Ü _ beln, die heut mich ge _ trof _ fen
Ker _ le zur Sau _ ce ge _ nom _ men sind ei _ ne Zwie _ bel, drei _

poco rit.

ich weis es kaum. _____ Nach Weib und nach Zwie _ beln er _ fül _ let mich
hun _ dert Gul _ den werth. _____ Die kohl _ schwarze Tul _ pe mit schnee _ weis _ sen

(weinerlich)

Seh _ nen, sie wa _ ren mein theu _ er _ ster Zeit _ ver _ treib. Ach Bei _ de er _
Sten _ gel, sie wur _ de ge _ ges _ sen sie blü _ het nicht mehr! Wie a _ ber mit

rit.

pres _ sen mir vie _ le Thrä _ nen, die sel _ ten _ sten Zwie _ beln, sie sel _ ten _ ste
mei _ nem Weib _ chen, dem En _ gel, ge _ sche _ hen mag sein, drückt die See _ le mir

Poco piu moto.

Weib _ Ich ar _ mer Bal _ tha _ sar, Bal _ tha _ sar Groot! Ach _ ach ch ch
schwer.

C. 25513.

№ 3½ **Sorti.**

Piano.

№ 4. Arietta.

theil..di..gung weiter zu füh..ren,

wol'n die Hel..den dort ka..pi..tu..li..ren, drum muss un

je..den Preis ich hin..ein.

Allegro.

poco rit.

Allegretto grazioso. *Langsames Polka..tempo.*

Für die..ses Kriegs..zu..ges Wohl und We..he bring' ich die schwer..sten
die..sem kaum ge..schlossenem Bun..de trät ich zu..rück, wenn's

poco rit.

O..pfer doch;— dass ei..ne Hülfs..ar..mee uns er..ste..he, muss ich mich beu..gen
mög..lich gern — nur trö..stet Ei..nes mich noch zur Stun..de, dass mein Ge..mahl für's

poco rit.

in dass E..he..joch! Ach! ei..nen Mann, den nie ich ge..se..hen, soll als Preis ich
Er..ste mir fern! Ich weiss wie Mäd..chen..träu..me trü..gen, weiss aus Er..fah..rung

rei - chen die Hand? viel ists ver - langt _____ denn ich muss ge - stehn, _____
wie in der Eh' Il - lu - si - o _____ nen zu bald ver - gehn, _____

tenuto.   ad libit.

_____ ich fand Ge - fal - len am Witt - wen - stand, ich fand sehr schön den Witt wen
_____ ich kos - te - te ein - mal be - reits dies - ses Weh, ich hab ge - kos - tet dies - ses

stand; statt in Frei - heit _____ um - her zu schwei - fen soll ich
Weh! Die ihr ste - het _____ noch vor der Pfor - te Euch zu

nun für den zwei - ten Ge - mahl _____ ganz ent - schie - den Par - thei er -
war - nen halt ich für Pflicht _____ blei - bet draus - sen hört mei - ne

№ 5. Duett.

32

№ 6. Quintett.

№ 6 ½.

Allegretto.

№ 7. Finale I.

C. 25513.

49

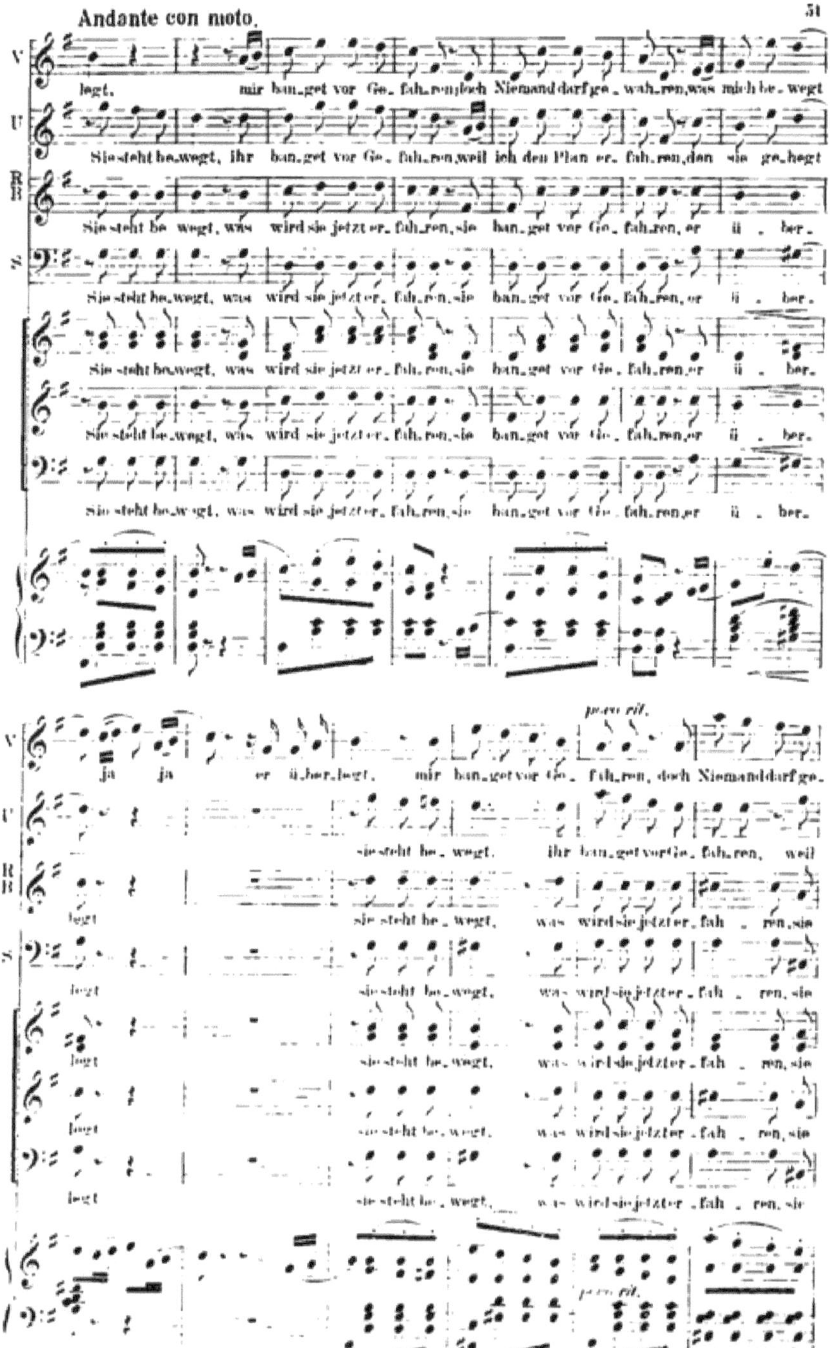
Andante con moto.
V
legt, mir ban_get vor Ge_fah_ren,doch Niemand darf ge_wah_ren,was mich be_wegt
U
Sie steht be_wegt, ihr ban_get vor Ge_fah_ren,weil ich den Plan er_fah_ren,den sie ge_hegt
R B
Sie steht be_wegt, was wird sie jetzt er_fah_ren, sie ban_get vor Ge_fah_ren, er ü_ber_
S
Sie steht be_wegt, was wird sie jetzt er_fah_ren, sie ban_get vor Ge_fah_ren, er ü_ber_
Sie steht be_wegt, was wird sie jetzt er_fah_ren, sie ban_get vor Ge_fah_ren, er ü_ber_
Sie steht be_wegt, was wird sie jetzt er_fah_ren, sie ban_get vor Ge_fah_ren, er ü_ber_
Sie steht be_wegt, was wird sie jetzt er_fah_ren, sie ban_get vor Ge_fah_ren, er ü_ber_
poco rit.
V
ja ja er ü_ber_legt, mir ban_get vor Ge_fah_ren, doch Niemand darf ge_
U
sie steht be_wegt, ihr ban_get vor Ge_fah_ren, weil
R B
legt sie steht be_wegt, was wird sie jetzt er_fah_ren, sie
S
legt sie steht be_wegt, was wird sie jetzt er_fah_ren, sie
legt sie steht be_wegt, was wird sie jetzt er_fah_ren, sie
legt sie steht be_wegt, was wird sie jetzt er_fah_ren, sie
legt sie steht be_wegt, was wird sie jetzt er_fah_ren, sie
poco rit.

Allegro.

58

Più moto.

Umberto.

Wenn sonst nichts mehr im We_gesteht, so könn_te mor_gen die Ver_mäh_lung

Violetta. Più Allegro.

sein! Wie mor_gen erst? Nein! Nein! das ist zu spät.

Tempo ritenuto.

(für sich.) (laut.)

ich muss bis mor_gen ja in Mas_sa sein. Ich bin viel ru_hi_ger wenn es vor_

Umberto.

ü_ber und wün_sche die Ce_re_monie noch heut. Noch heut? je a_ber,

des_to lie_ber! Doch ist zur Fei_er nichts be_

C. 2553.

59

c. 23503.

Umberto.

Es wird im_pro_vi_sirt hier

doch be_glückt zieht das Paar _____ nun zum Al_tar!

doch be_glückt zieht das Paar _____ nun zum Al_tar!

doch be_glückt zieht das Paar _____ nun zum Al_tar!

Violetta.
ah! _____

Al_les,was ihr seht, und schleunigst aus_ge_führt, so gut es e_ben geht!

Statt der Or_gel tre_ten die Trom_pe_ten ein, und statt Glo_cken_läu_ten

Statt der Or_gel tre_ten die Trom_pe_ten ein, und statt Glo_cken_läu_ten

Statt der Or_gel tre_ten die Trom_pe_ten ein, und statt Glo_cken_läu_ten

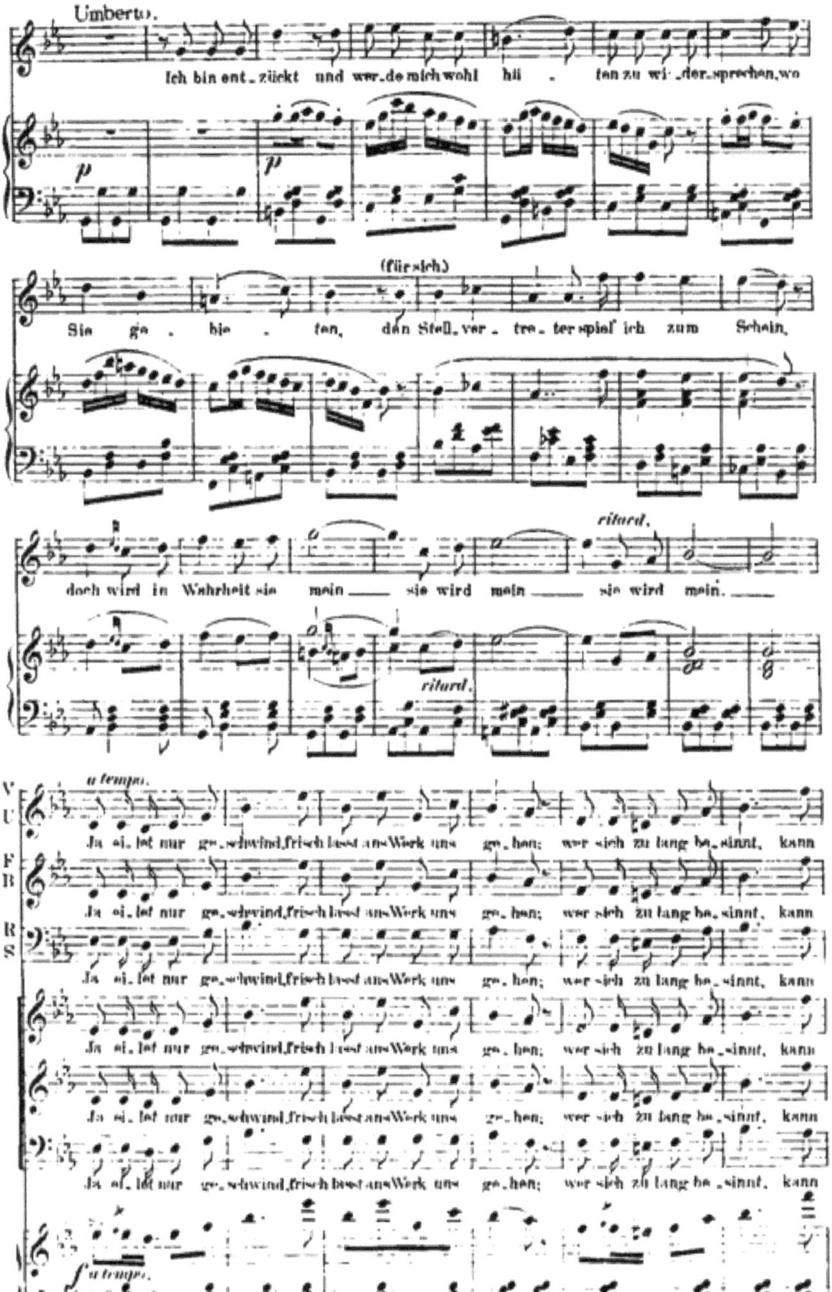
Umberto.
Ich bin ent-zückt und wer-de mich wohl hü-ten zu wi-der-sprechen, wo
p
p
(für sich)
Sie ge-bie-ten, den Stell-ver-tre-ter spiel' ich zum Schein,
ritard.
doch wird in Wahrheit sie mein sie wird mein sie wird mein.
ritard.
a tempo.
V U
Ja ei-let nur ge-schwind, frisch lasst ans Werk uns ge-hen; wer sich zu lang be-sinnt, kann
F B
Ja ei-let nur ge-schwind, frisch lasst ans Werk uns ge-hen; wer sich zu lang be-sinnt, kann
R S
Ja ei-let nur ge-schwind, frisch lasst ans Werk uns ge-hen; wer sich zu lang be-sinnt, kann
Ja ei-let nur ge-schwind, frisch lasst ans Werk uns ge-hen; wer sich zu lang be-sinnt, kann
Ja ei-let nur ge-schwind, frisch lasst ans Werk uns ge-hen; wer sich zu lang be-sinnt, kann
Ja ei-let nur ge-schwind, frisch lasst ans Werk uns ge-hen; wer sich zu lang be-sinnt, kann
f a tempo.

70

C. 25513.

№ 8. Introduction.

Artemisia.

Mit Ih-rer Hal-tung bin ich zu-frie-den.

Chor.

Sieg! Sieg!

In uns-rer Hand ruht Krieg o-der Frie-den!

Sieg! Krieg!

Krieg! Krieg!

sehr gut

sehr brav.

Com-tess-chen ich bit-te auch

mir ein Täss-chen vom Comman-di-ren thut der Hals mir

Allegro.

weh!

Hoch uns're Für.stin! Hoch _____ der Ca.

Commun _ dirt, in.stru.irt hab' ich manche Com.pag.

_fe!

Allegretto.

ni _ _ e.xer.zirt, ad.ju.stirt! Darin liegt auch Po.e.sie, wer sich rührt, nicht pa.

rirt, beim Com.man.do fragt wa.rum? _ Oh.ne Gna.de, Fü.si.lie.de! Prrr bum prrr bum prrr

(Im Coman

bum, die Bri.ga.de an Pa.ra.de prrr bum prrr bum prrr bum. Habt

Artemisia.

Chor.

Piano.

Den Feind, den möcht ich sehn, der

Den Feind, den möcht ich sehn, der

da kann wi_der_stehn, den Feind, den möcht ich sehn, der

da kann wi_der_stehn, den Feind, den möcht ich sehn, der

da kann wi_der_stehn, prrr bum prrr bum bum bum prrr bum prrr

da kann wi_der_stehn, prrr bum prrr bum bum bum prrr bum prrr

bum bum bum.

bum bum bum.

C. 2553.

№ 9. Lied.

Andantino moderato.

Else.

Durch Wald und Feld bin
Glück, dass ich auf

ich ge_irrt, wo gar kein Pfad zu se_hen war, und rief ver_zwei_felt und ver_wirrt
mei_nen Pfad, dem gnäd'gen Herrn be_geg_net war, er kam her_zu da schrie ich grad

Bal_tha_sar Bal_tha_sar _____ von mei_nem Man_ne kei_ne Spur, er
Bal_tha_sar Bal_tha_sar _____ dass er sich als Be_glei_ter bot, das

war zu weit schon of_fen_bar, es wie_der_holt das E_cho nur den Na_men:
war sehr lie_bens_wür_dig zwar, doch zau_dert ich und wur_de roth, weil er nicht

Bal_tha _____ sar _____ schon sank die Son_ne nie_der, schon
Bal_tha _____ sar _____ war auch der Weg be_schwer_lich, so

wurd ich müd und mü . . der, doch liess mir's kei . . ne Rast, und vor . wärts treibt mich
schien', ich sag es ehr . . lich, mir durch den Wald der Gang mit Bei . stand auch ge .

wieder ver . an . gen wollt ich fast, nun ja _____ wenn man muss ein . sam
fährlich, oft ward mir herz . lich bang, nun ja _____ führt uns zur Dämmer .

Andantino.

bangen oh . ne den Mann _____ welch sehnsuchtsvoll Ver . lan . gen fas . set uns
stun . de zärt . lich ein Mann _____ und wenn's im Wal . des grün . de dunkelt so,

dann _____ wenn dunkler im . mer dunkler Nacht rückt her . an _____ das lässt sich nicht be .
dann _____ wie ei . nem da zu Muthe bang wer . den kann _____ das lässt sich nicht be .

schreiben, das muss selber fühlen man.
schreiben, das muss selber fühlen man.   Ein

86

C. 2553.

Acht vor Frau . en . macht, sie hat noch im . mer Sieg ge . bracht

Acht vor Frau . en . macht, sie hat noch im . mer Sieg ge . bracht

Acht vor Frau . en . macht, sie hat noch im . mer Sieg ge . bracht

— ganz oh . ne Schlacht.

— ganz oh . ne Schlacht.

— ganz oh . ne Schlacht.

№ 10½.

Piano.

90

№ 11. Walzer.

94

Nur ___ für Na _ tur ___ heg _ te sie ___ Sym _ pa _ thie ___

___ un _ ter Bäu _ men _ sü _ ssen Träu _ men _ lieb _ te Grä _ fin _ Me _ la _

nie. ___ Nun ___ liegt ge _ fällt ___ dort der Hirsch; ___

___ Graf als Held ___ bricht durch Ran _ ken ___ kommt zu dan _ ken ___ dem Cou _

sin, dass er Grä _ fin so a _ mü _ sirt!

№. 11½.

Fanfare (auf dem Theater.)

Allegretto.

№ 12. Ensemble und holländisches Lied.

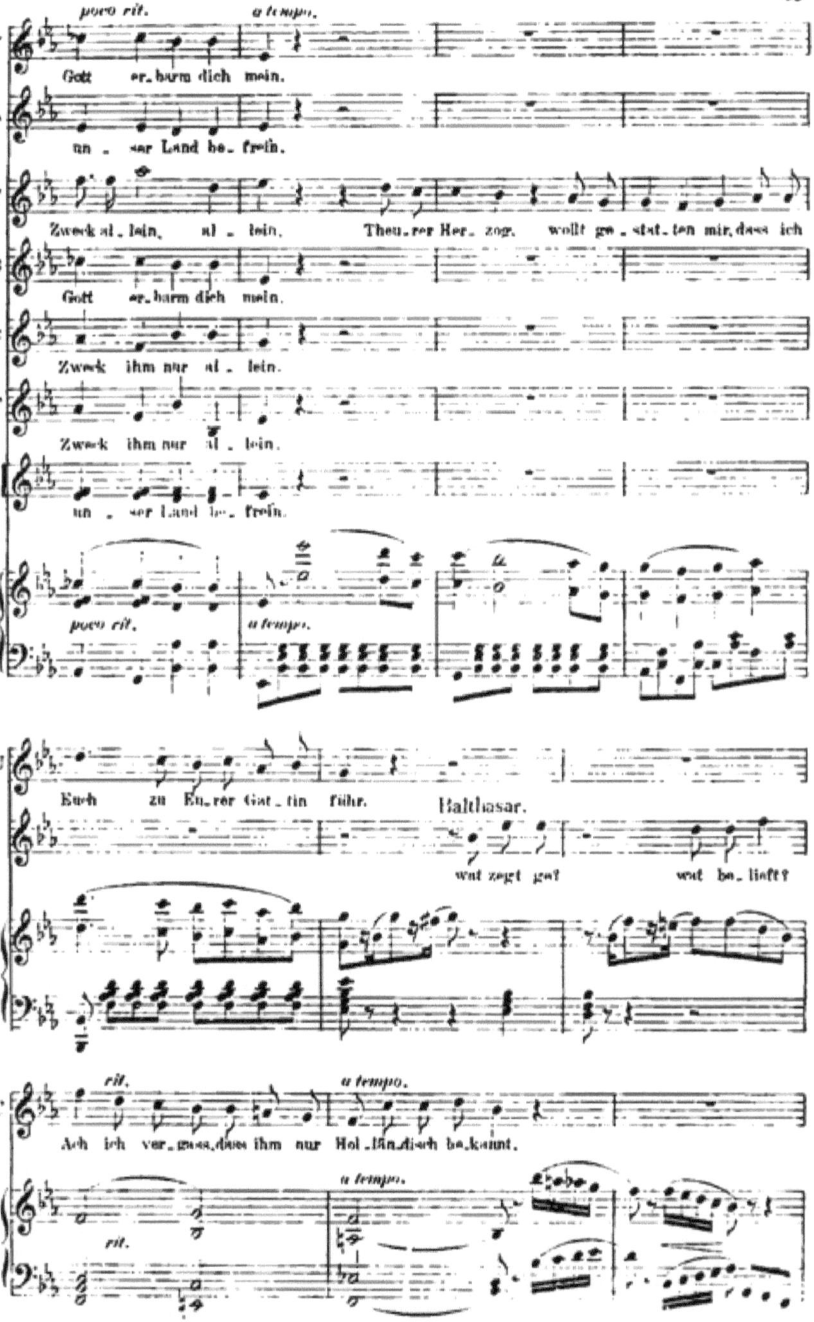
poco rit.
a tempo.
V
Gott er_barm dich mein.
A
un _ ser Land be_frein.
U
Zweck al_lein, al_lein. Theu_rer Her_zog, wollt ge_stat_ten mir, dass ich
B
Gott er_barm dich mein.
S
Zweck ihm nur al_lein.
F
Zweck ihm nur al_lein.
un_ser Land be_frein.
poco rit.
a tempo.
U
Euch zu Eu_rer Gat_tin führ.
Balthasar.
wat zegt ge? wat be_lieft?
rit.
a tempo.
U
Ach ich ver_gass, dass ihm nur Hol_län_disch be_kannt.
a tempo.
rit.

100

U an! O Rot- ter- dam

Balthasar. *rit.*

U Har- lem La- ber- dan, Zeer wel! Mijn heer Me- vrouw ick heb de

B (zu Umberto leise) **Umberto.** **Poco meno.**

eer. Soll ich 'nen Kuss ihr ge- ben? Nim- mer- mehr! sing ihr ein Lied aus dei- ner

Artemisia. **Violetta.**

U Hai- math vor! Lieb- li- che spre- che! Es zer- reisst mein Ohr! Ah!

Langsam. *Volksthümlich.* **Balthasar.**

V Me-

1. frown, ick wensch u goo - den dag— ak ba ha - to - wert
2. lieft u thee drinkt gij kof - fij— aan stuck - je vlaasch, wat

in der daad.
hab - ben wij.

Violetta .m.Sopr.I.
Artemisia .m.Sopr.II.
1. Me frown ick wensch u goo - den dag— ek

Umberto .m.Ten.
Spinzi .m.Ten.
2. Be lieft u thee— drinkt gij Cof - fij en

Frauch .m.Bass.

Dit is nit on - ple - zie - rig het
Habt ga nog niet ont - be - ten ick

bin ha - to - wert in der daad.

stuck - je vlaasch, wat hab - ben wij.

№ 13. Duett.

109

auf mit dei-nem Schrei'n, es war ja nicht der Re-de werth.

Poco meno. *mp* Balthasar.

Der Kuss war nur so win-zig klein, so klein. *f* Ich

a tempo.

Poco lento.

Es war ja nicht der Mü-he werth.

hab' ihn ge-sehn, ich hab' ihn ge-hört, sie lässt sich küs-sen un-er-hört.

Andantino moderato.

Was ist an ei-nen Kuss ge-le-gen, den man mir wi-der Wil-len nimmt
Nie ist ein sol-cher Kuss ent-schei-dend, der mir ge-walt-sam bei-ge-bracht

ich geb ein Du-tzend dir da-ge-gen, die bes-ser schmecken ganz bestimmt
bei dem der ei-ne Theil nur lei-dend, nein, der kommt gar nicht in Betracht

c. 25513.

№ 14. Finale II.

Violetta.

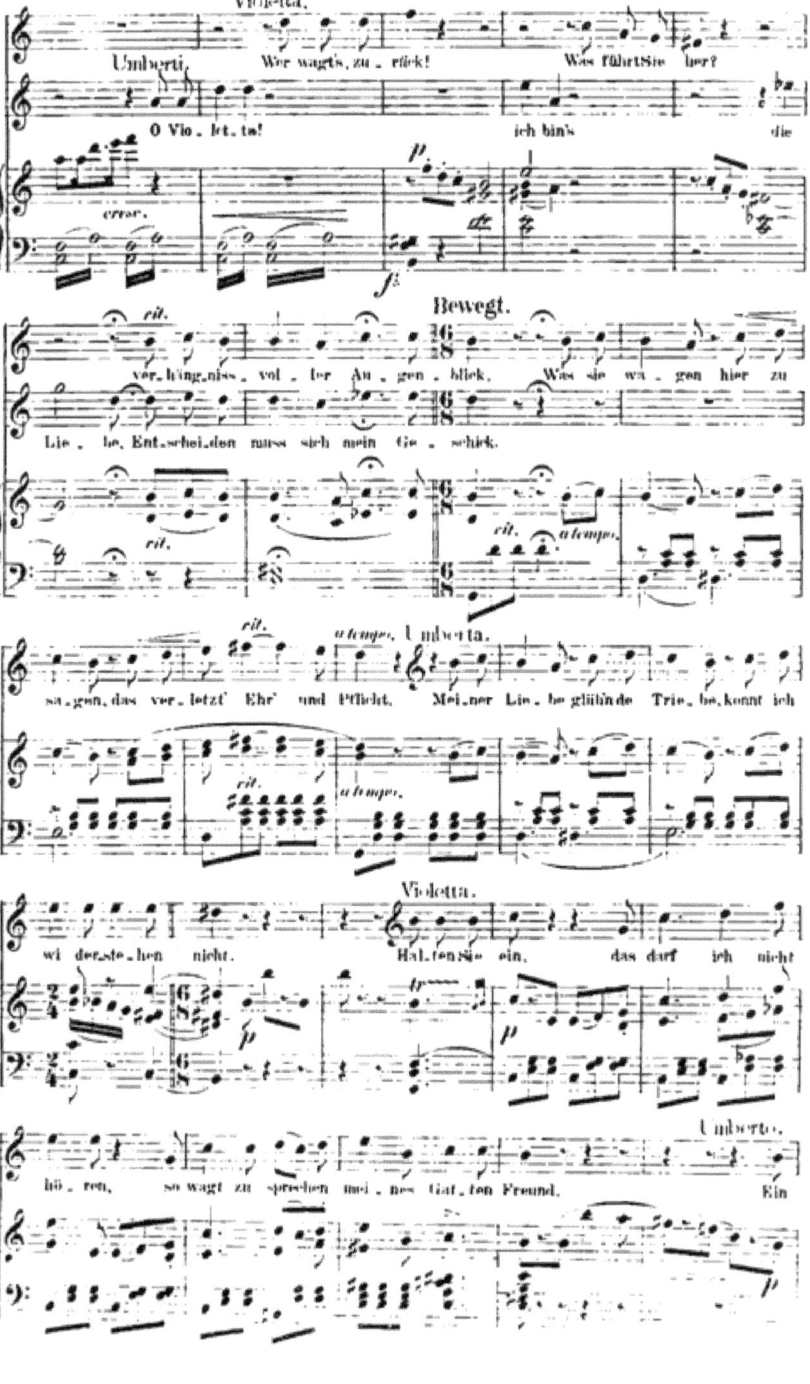
Violetta.
Umberti.
Wer wagt's, zu - rück! Was führt Sie her?
O Vio - let - ta! ich bin's die
cresc.
Bewegt.
rit.
ver - häng - niss - vol - ler Au - gen - blick. Was sie wa - gen hier zu
Lie - be. Ent - schei - den muss sich mein Ge - schick.
a tempo.
Umberto.
sa - gen, das ver - letzt' Ehr' und Pflicht. Mei - ner Lie - be glüh'n - de Trie - be, konnt ich
wi - der - ste - hen nicht. Hal - ten Sie ein, das darf ich nicht
hö - ren, so wagt zu spre - chen mei - nes Gat - ten Freund. Ein

122

Allegretto.

C. 25513.

Violetta. Else. Artamisia *mit Sopr.I,II.*
Umberto, Marchese *mit Tenor.*
Balthasar *mit Bass.*

Für - sten - thum, _____ ob Re - pub - lik!

Für - sten - thum, _____ ob Re - pub - lik!

Für - sten - thum, _____ ob Re - pub - lik!

ƒ Wie das wiegt und ver - lo - ckend klingt, al - le

ƒ Wie das wiegt und ver - lo - ckend klingt, al - le

ƒ Wie das wiegt und ver - lo - ckend klingt, al - le

Her - zen mit Lust durch - dringt je - der Fuss hebt sich leicht be - schwingt

Her - zen mit Lust durch - dringt je - der Fuss hebt sich leicht be - schwingt

Her - zen mit Lust durch - dringt je - der Fuss hebt sich leicht be - schwingt

da giebt's nicht Freund noch Feind, fröh - li - cher Klang ver_eint dann Paar um Paar, was

da gibt's nicht Freund noch Feind fröh - li - cher Klang ver_eint dann Paar um

da gibt's nicht Freund noch Feind fröh - li - cher Klang ver - eint dann Paar um

feindlich sonst war! Denn nichts mehr von Streit und Schlacht beugt Euch des Tanzes Macht

Paar, nichts mehr von Streit und Schlacht beugt Euch des Tanzes Macht, Ihr sei ein

Paar, nichts mehr von Streit und Schlacht beugt Euch des Tanzes Macht, Ihr sei ein

ihr sei drei _ fach Hoch ge _ bracht!

drei _ fach Hoch _ ge _ bracht!

drei _ fach Hoch _ ge _ bracht!

riten.   a tempo.

№ 15. Entre - Akt.

№ 16. Chor und Schlüssel-Couplet.

Violetta.
Was ich erstrebt durch lange Zeit, es ist er-füllt, ich bin nun da! Mein Arm ist Mas-se zwar ge-

Allegretto.
Artemisia.
weiht, mein Herz es ist in Ge-fahr! Bei unserm An-blick hob sich neu ihr

Balthasar.
Muth, vor Wonne wissen sie sich kaum zu fas-sen! So lan-ge man mich hier be-

han-delt gut kann ich die Sa-che mir ge-fal-len las-sen, wen ich nur

Violetta. Andantino.
wüsst wo die El-se ist? Wenn ich den Menschen nur nicht se-hen müsst!

Seht, dort naht der hohe Rath, der Podesta mit Schlüsseln uns'rer Stadt.

Seht, dort naht der hohe Rath, der Podesta mit Schlüsseln uns'rer Stadt.

Seht, dort naht der hohe Rath, der Podesta mit Schlüsseln uns'rer Stadt.

Pamfilio.

Frau Herzogin, ich hab die Ehr' Herr Podesta zu sein, und

bit- te mir geneigt Gehör, nur kur- ze Zeit zu leih'n. Zwei Schlüssel bringen

Die 5 C. Räthe.

wir Euch her, der gross' und die-ser klein. Zwei Schlüssel bringen

Pamf.

wir Euch her, der gross' und die-ser klein. Wenn

Meno.

Beide durch ein Un_ge_fähr ver_wech_selt soll_ten sein, könnt leicht ge_sche_hen ein Malheur,drum

prägt ge_nau es ein, leicht kann ge_sche_hen ein Mal_heur,drum prägt ge_nau es ein, drum

5.C. Räthe.

leicht kann ge_sche_hen ein Mal_heur,drum prägt ge_nau es ein, drum

poco rit.   *a tempo.*   **Tempo di Polka** *ben moderato.*

prägt ge_nau es ein.   Der grösse_re ist dick und schwer, der klein schlank und

prägt ge_nau es ein.

5.R

5.C.R.

fein,   der schliesst das gros_se Thor   doch der   des Hin_ter_pför_te_lein. Der

grös_se_re ist dick und schwer, der klein schlank und fein   der schliesst dass gros_se

25513.

Thor doch der das Hin-ter-pför-te-lein.

Pamfilio.
Und wenn ein-mal ein feind-lich Heer, in's gros-se Thor dringt ein, so

wird der klei-ne nütz-lich sehr zum Re-ti-ri-ren sein, denn

zu dem gros-sen Tho-re wär der klei-ne viel zu klein, dass der zur Hin-ter-

thür ge-hört, zeigt schon der äus-se-re Schein. Drum

№ 17. Duett.

Ja, al_le Bei_de ma_chen uns viel Freu_de tra la la la tra la la la!

Ja, al_le Bei_de ma_chen uns viel Freu_de tra la la la tra la la la!

Ja al_le Bei_de ma_chen uns viel Freu_de la la la la la la la la

Ja al_le Bei_de ma_chen uns viel Freu_de la la la la la la la la

eilen.

eilen.

rit. **Andante** *con espress.*

la! Ja! Sil_ber_hel_les

la! Sil_ber_hel_les

Più mosso.

mf *p dol.*

Kin_der_la_chen, lieb_li_che Mu_sik muss Ver_druss ver_ges_sen ma_chen

Kin_der_la_chen, lieb_li_che Mu_sik muss Ver_druss ver_ges_sen ma_chen bringt uns sü...sses Glück. Wenn sie ha..schen sich und ne...cken, bald sich su...chen,

bringt uns sü...sses Glück. Wenn sie ha..schen sich und ne..cken, bald sich su..chen,

rit. *a tempo. string.*

bald ver...ste...cken und aus vol...ler Brust jauch..zen laut in Lust ha ha ha ha ha Pa...

bald ver...ste...cken und aus vol..ler Brust jauch..zen laut in Lust ha ha ha ha ha

rit. *a tempo. string.*

pa, Ma...ma, ja ja ja ja!

Pa...pa, Ma...ma, ja ja ja ja!

Andantino.

Die Tru...de ist mein Lieb...ling. Und wie

Mein Lieb...ling ist der Jan.

C. 25513.

muss Ver _ druss ver _ ges _ sen ma _ chen, bringt uns sü _ sses Glück.

muss Ver _ druss ver _ ges _ sen ma _ chen, bringt uns sü _ sses Glück.

Wenn sie ha _ schen sich und ne _ cken, bald sich su _ chen, bald ver _ ste _ cken

Wenn sie ha _ schen sich und ne _ cken, bald sich su _ chen, bald ver _ ste _ cken

rit.   *a tempo. string.*   *ppp*

und aus vol _ ler Brust, jauch_zen laut in Lust, ha ha ha ha ha! Pa _ pa, Ma _

und aus vol _ ler Brust, jauch_zen laut in Lust, ha ha ha ha ha! Pa _ pa,

rit.   *a tempo. string.*

ma,   ja   ja   ja   ja!

Ma _ ma,   ja ja ja   ja!

№ 18. Terzett.

154

Maestoso.

154

Maestoso.

№ 19. Schlussgesang.